NORDRHEIN-WESTFÄLISCHE AKADEMIE DER WISSENSCHAFTEN

Nordrhein-Westfälische Akademie der Wissenschaften

Geisteswissenschaften Vorträge · G 353

Herausgegeben von der
Nordrhein-Westfälischen Akademie der Wissenschaften

WOLFGANG KLUXEN

Perspektiven der Wirtschaftsethik

Westdeutscher Verlag

401. Sitzung am 16. April 1997 in Düsseldorf

Die Deutsche Bibliothek – CIP-Einheitsaufnahme

Kluxen, Wolfgang:

Perspektiven der Wirtschaftsethik / Wolfgang Kluxen. – Opladen: Westdt. Verl., 1998

(Vorträge / Nordrhein-Westfälische Akademie der Wissenschaften: Geisteswissenschaften; G 353)

Der Westdeutsche Verlag ist ein Unternehmen der Bertelsmann Fachinformation.

Herstellung: Westdeutscher Verlag

ISSN 0944–8810

ISBN 978-3-531-07353-8 ISBN 978-3-322-88646-0 (eBook)
DOI 10.1007/978-3-322-88646-0

Inhalt

Vorbemerkung

Der Text wird hier, bis auf sehr geringe Änderungen, in der Form vorgelegt, wie er am 16. April 1997 vor der Klasse für Geisteswissenschaften der NRW Akademie der Wissenschaften vorgetragen worden ist. Dieser Klasse gehörten die Wirtschaftswissenschaftler nicht an, so daß auf spezifische, sich erst aus der wirtschaftswissenschaftlichen Theorie ergebende Probleme nicht einzugehen war. Ferner war die fachspezifische Terminologie zu vermeiden oder ins Normalsprachliche umzusetzen. Dies scheint mir nicht unbedingt ein Nachteil, da auch die Wirtschaftsethik für alle ohne große Vermittlung zugänglich sein muß, die am Wirtschaftsprozeß handelnd teilnehmen.

1. Anlässe zu einer Wirtschaftsethik

Wirtschaftsethik hat, wie man sagen kann, seit einigen Jahrzehnten Konjunktur. Das zeigt sich in der Zunahme einschlägiger Publikationen, Tagungen, Diskussionsrunden, in der Einrichtung von Kursen und Seminaren, schließlich sogar von Lehrstühlen, die freilich bei uns noch rar sind. Die USA sind hier vorangegangen. In ihnen wurde auch als eigener Zweig dieser Disziplin die „business ethics" entwickelt, bei uns als *Unternehmensethik* aufgenommen. In ihrem Rahmen gehören Ethik-Kurse für Manager bereits zum Standard; und manche Firmen kennen schon den Ethik-Beauftragten oder berufen Ethik-Kommissionen zur Beratung des Vorstandes.

Darin zeigt sich, daß die Entwicklung nicht durch ein theoretisches, sondern ein praktisches Interesse der ethischen Orientierung vorangetrieben wird. Den Hintergrund bildet die Zunahme einer moralisch motivierten öffentlichen Kritik an der Wirtschaft, die ihren Anhalt an spektakulären Fehlleistungen, an Versagen oder an Schadensfolgen solchen Verhaltens findet, das womöglich durchaus in der legalen Ordnung der Wirtschaft verbleibt. Bauskandale, kommunale Korruptionsfälle, gefährliche Produktmängel oder ökologische Schäden bleiben natürlich nicht in dieser Ordnung, sie verstoßen klar dagegen. Die Art dieser Verstöße hängt jedoch mit der gegebenen Ordnung der Wirtschaft zusammen, sofern in ihnen Handlungsmöglichkeiten genutzt werden, die sich erst aus dieser Ordnung ergeben. So hängt auch von der Ordnung ab, wie sich Schuld und Verantwortung verteilen. Aber es geht nicht immer um klare, womöglich kriminelle Verstöße. Fragen nach der Arbeitslosigkeit, nach der Zunahme der Armut, nach der Verschuldung in der Dritten Welt oder nach der ökologischen Problematik der Abfallbeseitigung implizieren nicht, daß kriminelle oder illegale Akte vorliegen, und doch besteht der Verdacht, daß die Ordnung unserer Wirtschaft hier Fehlleistungen geradezu erzeugt. Dann läßt sich die Ordnung selbst in Frage stellen, die legal solches zuläßt: Das heißt, es wird nach ihrer Gerechtigkeit gefragt. Damit zeichnen sich schon Themen eines moralischen Diskurses ab, der gesellschaftlich heute geführt wird.

2. *Ökonomische Theorie, reflektierte Ethik und konkretes Ethos*

Aber ein solcher Diskurs ist noch keine Ethik. Von einer Ethik reden wir erst, wenn es sich um systematische Reflexion und Argumentation handelt, die einen rationalen Begründungszusammenhang zu bieten sucht, aus dem sich normative Erkenntnis ergibt. Eine solche ist selbstverständlich „praktisch", also geeignet zur Leitung von Handlungen; aber es ist eine andere Frage, ob sich diese, in methodisch reflektierter Rationalität gewonnene, normative Erkenntnis auch gesellschaftlich durchsetzt, also Inhalt oder Teil einer geltenden Moral, eines Ehtos, eines anerkannten Sittenkodex wird. Von einer Wirtschaftsethik, die sozusagen theoretisch-reflektiert entwickelt wird, kann man sich unmittelbar praktische Folgen nur dann erwarten, wenn die wirtschaftliche Praxis selbst in theoretisch-reflektierter Weise organisiert ist. Das gilt überhaupt für eine theoretisch-reflektierte Ethik im Verhältnis zur Gesellschaft: Sie wird in dem Maße Durchsetzungschancen haben, wie die Gesellschaft ihren Lebensprozeß in theoretisch-reflektierter Weise, also mit Bezug auf wissenschaftliche Erkenntnisse und mit Hilfe rationaler Verfahren, organisiert. In diesem Falle – und man kann der Ansicht sein, er sei in unserer Kultur weitgehend heute gegeben – kann eine solche Ethik, oder können ihre Resultate, selbst ein Element des Ethos werden.

Das heißt nun nicht, daß in einer solchen Kultur nur einer, der die reflektierte Ethik nachvollzieht, moralisch richtig handeln kann, oder gar daß die normative Erkenntnis, welche im Horizont der wissenschaftlich verarbeiteten Weltsicht gewonnen wird, nur jenem zugänglich sei, der die wissenschaftliche Theorie und ihre methodischen Instrumente beherrscht. Es ist in der heutigen Wirtschaftsethik nicht unüblich, die in der Ökonomik gebräuchliche, mathematisch formalisierte Sprache auch für ethische Verhältnisse einzusetzen. Wenn man das in der Theorie in der Meinung tut, erst in der mathematischen Formulierung würden Beweise angemessen erbracht, so mag das bei einem bestimmten Verständnis von „Beweis" der Fall sein, aber sicher gilt das nicht für alle Fälle wissenschaftlich-ökonomischer Erkenntnis, und vermutlich am wenigsten dort, wo diese Erkenntnis sich auf konkret zu leistende Praxis bezieht. Für die ethische Erkenntnis gilt jedenfalls, daß ihr wesentlicher Inhalt jenem praktischen Verstehen zugänglich sein muß, das der theoretischen Reflexion durchaus vorausliegt. Es kann ja nicht einfach vorausgesetzt werden, daß alle wirtschaftlich Tätigen, deren Handeln in der formalisierten Theorie erfaßt wird, dies Handeln erst über die Theorie bestimmen. Eine normative Erkenntnis, die erst auf der Ebene wissenschaftlich-theoretischer Reflexion erbracht oder gesichert wird, muß dann derart umgesetzt werden, daß sie auch in dieser Unmittelbarkeit praktischen

Verstehens vollzogen werden kann. Das heißt eben, daß sie Element des Ethos wird.

Unbeschadet dessen muß jedoch unterstrichen werden, daß es schon nötig ist, eine Wirtschaftsethik auf dem Niveau der wissenschaftlichen Ökonomik zu entwickeln und argumentativ zu diskutieren. Denn es stellt sich für die ökonomische Theorie selbst das dringliche Problem, die Bedeutung und die Konsequenzen ethischer Einsichten oder Entscheidungen in der ökonomischen Praxis zu untersuchen, und insofern ist Ethik auf der ökonomischen Theorie-Ebene ein wichtiger Gegenstand. Aber es kommt dann doch wieder auf die Praxis an, deren Probleme zu lösen sind und die normativ zu gestalten ist. Es wäre jedoch ganz untragbar, wenn ein Studium der Wirtschaftswissenschaften Voraussetzung für eine wirtschaftsethische Erkenntnis wäre, die konkret vom wirtschaftlich Tätigen angewandt werden soll. Dieser muß in der Lage sein, von seinen gegebenen konkreten Voraussetzungen her den Sinn und das Gutsein der moralischen Norm zu erkennen und praktisch danach vorzugehen. Freilich ändert das nichts daran, daß es in der ökonomischen Welt, die sich theoretisch-wissenschaftlich versteht, auch eine Wirtschaftsethik geben muß, die im Nachvollzug der methodisch-wissenschaftlichen ökonomischen Erkenntnis nun die normative Reflexion auf eben deren Niveau unternimmt. Aber nicht die esoterische Beweissicherung, sondern die Praxis und ihre Bewältigung, und das in einer für die Gesamtgesellschaft einsehbaren Weise, muß die Zielsetzung sein.

Man muß dann wiederum der Illusion entgegentreten, als würde die ethische Einsicht schon als solche hinreichen, um die Sitten zu verbessern. Selbst der strikte Nachweis der Geltung, die überzeugende Begründung der moralischen Notwendigkeit einer Norm oder des sittlichen Wertes ihres Inhalts garantiert nicht die Befolgung – gehört es doch vielmehr zum Wesen der sittlichen Norm, daß sie nicht zwingt, sondern daß man sie übertreten kann. Wenn sie faktisch übertreten wird, so hat das mit einem Versagen der Ethik oder der Ethiker nichts zu tun, und es besagt nicht einmal, daß die Norm unwirksam ist. Hier muß man wieder daran erinnern, daß Übertretbarkeit etwas ganz anderes ist als Unwirksamkeit. Die letztere kann ihren Grund gerade darin haben, daß die Norm einfach nicht erfüllbar ist, ihr durch Handeln gar nicht entsprochen werden kann. Eine unwirksame Norm kann man aber schlechterdings nicht übertreten, sie „gilt“ eben nicht.

Andererseits gelten sittliche Normen auch dann, wenn sie häufig oder gar regelmäßig übertreten werden. Es gibt solche unter ihnen, denen wir „unbedingte“ Geltung einräumen, womöglich gar gegen ein gesellschaftlich anerkanntes Ethos. Auch ein solches Pathos des Unbedingten kennen wir aus der öffentlichen Diskussion um Wirtschaft und Wirtschaftspolitik, wie auch den

Widerspruch dagegen, die Wirtschaft sozusagen unter die Dominanz des Moralischen zu bringen. Dies freilich ist das erklärte Ziel vieler politisch auftretenden Kritiker, wie andererseits gegen eine moralisierende Kritik gerade die Wirtschaftsethik berufen wird. Sie wird von manchen wirtschaftlich und besonders wirtschaftspolitisch Tätigen als eine Diszplin gewünscht, welche ihr, zunächst gar nicht unter ethischen Kriterien vollzogenes, Handeln nun ethisch verteidigt und rechtfertigt, also für gesellschaftliche Akzeptanz jener Ordnung eintritt, deren Struktur und Folgen am meisten der öffentlichen Kritik ausgesetzt sind.

Wirtschaftsethik gerät so unter Ideologieverdacht, als Dienerin am Akzeptanzinteresse. Aber natürlich kann derselbe Verdacht auch gegen ihre Kritiker und gegen die Kritiker der Wirtschaft überhaupt vorgebracht werden, die jene Wirtschaftsform unter Verdacht stellen, die den eigentlichen Gegenstand der Wirtschaftsethik bildet: die Marktwirtschaft. Es ist natürlich leicht, den Ideologieverdacht zu erheben, wo die Erkenntnis tatsächlich einem Interesse dient, und es läßt sich behaupten, daß bei wirtschaftsbezogener Erkenntnis stets ein Interesse bedient wird. Nur ist damit nicht gesagt, daß die Erkenntnis – was zum Begriff der Ideologie gehört – auch nach Inhalt und Ergebnis durch das Interesse bestimmt ist. Die allgemeine Kritik auf Grund des globalen Verdachtes bleibt unfruchtbar. Dagegen ist die Frage interessant, warum gerade die Marktwirtschaft nicht nur bevorzugter, sondern eben eigentlicher Gegenstand der Wirtschaftsethik ist, so daß man die letztere gelegentlich als deren Korrelat auffaßt. Es liegt daran, daß es sich beim Markt um eine strikt und ausschließlich wirtschaftliche Größe handelt (wo man in nichtwirtschaftlichem Sinne vom Markt spricht, handelt es sich um metaphorische Rede). Bei anderen Wirtschaftsformen, in denen nicht der Markt die formbestimmende Größe ist, ist das Ethische häufig schon im Ansatz mitgegeben. Die Moral wird dann der Ordnung immanent gedacht, in welcher der Prozeß der Wirtschaft verstanden und geführt wird. Die Marktwirtschaft ist jedoch nicht von Hause aus moralisch, und genau das ist es, was sie einerseits unter Verdacht stellt, andererseits eine eigene ethische Überlegung für sie erforderlich macht.

Hier möchte ich jedoch eine Bemerkung einschalten über den Beitrag, den ich hier beabsichtige. Ich gehe nicht einfach von dem Resultat der Wirtschaftswissenschaften oder von ihren Modellvorstellungen aus, sondern halte es für nötig, in der ethischen Reflexion auch und zuvor auf die anthropologische Ebene zurückzugehen. Das ist nicht nur theoretisch erforderlich, sondern insofern auch von praktischer Bedeutung, als ja die ethische Reflexion immer wieder mit einem Alltagsverstehen vermittelt werden muß, das die wirtschaftswissenschaftliche Erkenntnis nicht einschließt, für das sie womöglich fremd und fern ist. Auch für viele Wirtschaftler selbst gibt es dies Erfordernis der Vermittlung, und zwar mindestens deshalb, weil sie zugleich ihre Alltagsethik haben und von dieser aus eine Distanz zu einer angeblich moralfreien Marktwirtschaft wahrnehmen, deren Überbrückung wichtig ist. Sie kann gerade durch Rückgang auf die anthropologischen Grundlagen geschehen.

3. *Ökonomie vor der Marktwirtschaft: Haus und Familie*

Es gibt Ökonomen, welche die Moralfreiheit der Marktwirtschaft, sofern davon die Rede sein kann, für einen Vorteil halten, und jedenfalls für die ökonomische Theorie scheint es ihnen nötig, von moralischen Normen und Werten wenigstens zunächst abzusehen. Die Wirtschaft erscheint als ein durch die sachlichen Bedingungen, die in ihr gegeben sind, abgegrenzter und bestimmter Handlungsbereich, der seine Eigengesetzlichkeit hat und dieser folgt. Das wird zuweilen gleichsam personalisiert: Ein Politiker oder ein Beamter kann sein bisheriges Wirkungsfeld verlassen und in „die Wirtschaft" gehen, „die Wirtschaft" äußert sich, beispielsweise zu politischen oder kulturellen Themen, sie fühlt sich stark oder sie kämpft um ihren Status, sie verhält sich also wie eine gesellschaftliche, institutionell gefaßte und dann in einer Vielzahl von Organisationen konkrete Größe.

Nun ist aber doch auch klar, daß jedermann, und nicht nur in unserer, sondern in jeder Gesellschaft, irgendwie am wirtschaftlichen Prozeß beteiligt ist, selbst wirtschaftend, also Leistungen erbringend oder mindestens konsumierend. Dem wird auch in der ökonomischen Theorie durchaus Rechnung getragen. Schon im einfachsten Modellansatz stehen den *Unternehmungen*, welche Güter beschaffen und anbieten, die *Haushalte* gegenüber, übrigens nicht nur als Konsumenten, sondern auch sofern sie Arbeit anbieten und Ersparnisse machen. Damit werden sämtliche Mitglieder der Gesellschaft umfaßt, deren Wirtschaft von der Theorie betrachtet wird. Die Theorie wählt dazu eine höchst eingegrenzte, abstrakte Perspektive, aber doch keine falsche. Sie ergibt sich eben aus der Beschränkung des Blicks auf das wirtschaftliche Geschehen, das man in abstrakter Allgemeinheit zuvor definiert hat; etwa als *Beschaffung und Verteilung knapper Güter*, unter denen man Waren und Leistungen zusammenfaßt und deren Knappheit nur besagt, daß sie nicht beliebig verfügbar sind.

Wenn man diese Beschreibung als Definition des Wirtschaftens annimmt, begibt man sich auf eine ganz elementare Ebene, auf der selbst die Unterscheidung von (produzierenden) Unternehmungen und (konsumierenden) Haushalten noch nicht zwingend ist, ja eigentlich nicht einmal sachgemäß. Vielmehr ist in dieser Beschreibung eine elementare Bedingung der *Condicio humana* angezeigt, daß nämlich der Mensch im Verhältnis zu Gütern, die er beschafft und verbraucht, seine Existenz sichern und überhaupt sein Leben führen muß. Er ist, wie man gesagt hat, ein „Bedürfniswesen", und das ist er auf Grund seiner animalischen Natur. Aber doch ist das insofern etwas anderes als die Kondition instinktgeleiteter Tiere, als der Mensch diese Bedürfnisse verstehen, gestalten, unter ihnen und im Hinblick auf sie sich Ziele setzen und sein Leben „führen" kann; und solches „Führen" obliegt ihm schon auf der untersten Ebene, der Sorge um das schlichte Überleben.

Freilich ist die Bedürftigkeit des Menschen derart beschaffen, daß er als einzelner sie so wenig überwinden kann wie er sich selbst zur Existenz zu bringen vermag. Als biologisches Wesen, das hilflos geboren wird, das ohne Fürsorge nicht überleben und ohne Aufzucht nicht zur selbständigen Existenz finden kann, verweist ihn die Bedürfnisstruktur auf die soziale Existenz. Ohne Fürsorge findet er nicht zur Selbstbehauptung; und diese gelingt nicht zureichend ohne das Miteinander einer menschlichen Gesellschaft – primär ist das die Überlebensgemeinschaft der Familie oder des Hauses.

Genau dort setzt die alte „Ökonomie" an, welche die Sozialverhältnisse des Hauses – Aristoteles zählt sie auf: die Verhältnisse von Mann und Frau, von Eltern und Kindern, von Herr und Knecht – zu Grunde legt. Es ist da noch nicht von einem Markt die Rede, aber es gibt sehr wohl schon ein Wirtschaften und eine „Wirtschaftsethik" in dem Sinne, daß die aus der Bedürfnisstruktur menschlicher Existenz stammenden Verhältnisse sogleich in moralischer Bedeutung verstanden werden. Selbstverständlich ist Überleben ein grundlegendes Gut für den Menschen, und das Überleben der Gemeinschaft ist für alle ihre Mitglieder zwingend notwendiges, verbindliches Ziel. Die alte Ökonomie zählt so, zum Beispiel bei Aristoteles, zur „praktischen" Philosophie, deren entscheidender Gesichtspunkt die moralische Differenz von Gut und Böse ist, und sie bildet deren zweiten Teil, der seinen systematischen Ort zwischen der Ethik des „einzelnen" und der „Politik" hat, der Ethik des sittlich verfaßten „bürgerlichen" Lebens.

Wenn wir die von der alten „Ökonomie" herausgestellten Verhältnisse innerhalb des Hauses betrachten, würden wir wohl kaum von diesen als „wirtschaftlichen" reden. Das Haus ist natürlich Wirtschaftseinheit, es produziert und beschafft die Lebensmittel für die Hausgenossen, und diese führen nun ein gemeinsames Leben. Aber es ist klar, daß die einzelnen daran unterschiedlich, nämlich in jener Weise teilhaben, welche ihre soziale Rolle in den genannten Verhältnissen mit sich bringt. Fragt man nach den Anteilen, die dem einzelnen dann zukommen, so ist ganz klar der Maßstab für die Verteilung in diesen

Binnenverhältnissen gegeben. Es geht dann *gerecht* zu, wenn jedem das in der Ordnung des Hauses „Seine“ zukommt; so wie er denn auch in dieser Ordnung einen Anteil an der Produktionstätigkeit, das heißt eigentlich am gemeinsamen Leben des Hauses, genommen hat.

In der häuslich-familialen Ordnung bedeutet Gerechtigkeit keineswegs Gleichheit, auch nicht ein Verhältnis von Leistung und Lohn. Hier kann es sein, daß jeder nach seinen Fähigkeiten beiträgt, aber nach seinen Bedürfnissen zugeteilt bekommt. Dazu müssen allerdings die Bedürfnisse selbst als durch die soziale Rolle bestimmte, in der gegebenen Sozialordnung angemessene und „richtige“ erkannt und anerkannt sein. Das bedeutet, daß der einzelne keineswegs in der Gemeinschaft untergeht. Seine Bedürftigkeit, die er ja als einzelner hat und mit der er auf die Gemeinschaft angewiesen ist, wird von dieser als Grund eines *gerechten Anspruchs* wahrgenommen, und sie kann ihrerseits den einzelnen entsprechend in Anspruch nehmen. Aber nicht das ökonomische, sondern das soziale Verhältnis ist maßgeblich, und von diesem ist das ökonomische abhängig.

Man wird vermutlich einräumen, daß eine solche Aussage für ein Haus und eine Familie zutrifft, wie sie der „alten“ Ökonomie vor Augen stand, in dem es eine quasi-autarke stationäre Subsistenzwirtschaft gab – wobei wir hinzufügen müssen, daß es eine reine Autarkie nur auf sehr primitiver Kulturstufe gegeben hat. Doch kommt es mir darauf an, daß im Binnenverhältnis einer Gemeinschaft, die als solche wirtschaftet, und dies um des gemeinsamen Überlebens willen, wir immer mit solcher Dominanz des Sozialen rechnen müssen. Von einer Eigengesetzlichkeit des Ökonomischen wird da schwerlich die Rede sein können; und auch wenn im gegebenen Falle (zum Beispiel der Not) die Gemeinschaft bedeutende Anstrengungen ökonomischer Art auf sich nehmen muß, mit womöglich beträchtlichen Folgen für die Gestaltung ihres Lebens im Sinne der ökonomischen Notwendigkeiten, so heißt das nicht, daß sie den ökonomischen Prozeß als solchen von eigener Gesetzlichkeit und abgetrennt vom Sozialen betreibt.

Es gibt dann auch kein Problem der moralischen Bewertung oder Normierung des wirtschaftlichen Handelns. Es steht von vorn herein in den Handlungszusammenhängen der Lebensbewältigung zur Erringung des menschlich Guten, bei dem wir vom „Gelingen“ oder traditioneller vom „Glücken“ sprechen. Zwar ist das Überleben, welches das Ziel der Ökonomie ist, noch nicht das „gute Leben“, aber doch dessen Voraussetzung, die dringlich erbracht werden muß. An der Sorge darum teilzunehmen und dafür Leistung zu erbringen, das kann die Gemeinschaft von jedem ihrer Mitglieder verlangen. Wer essen will, soll auch arbeiten – natürlich nur, sofern er zur Arbeit in der Lage ist, physisch und sozial. Freilich ist von der elementaren

Verpflichtung zur Mitarbeit am Gemeinwohl in primitiveren Gesellschaften bis zum Pathos der Arbeit als „Selbstverwirklichung“ noch ein weiter Weg. Aber auch und gerade im letzteren Falle zeigt sich jene Unmittelbarkeit humaner Bedeutung des ökonomisch orientierten Handelns, die ein Problem moralischer Zu- und Einordnung gar nicht erst aufkommen läßt. Und davon ist in diesem Bereich der Arbeit, wie immer er sich gewandelt hat, auch unter den ökonomischen Umständen der Gegenwart etwas geblieben.

4. Eigengesetzlichkeiten in der Sphäre technischen Herstellens

Eigengesetzlichkeiten, nämlich von der moralischen Norm nicht durchgehend bestimmte, sondern ihr gegenüber autonome Bereiche, treffen wir in dieser Gemeinschaftswirtschaft nicht an. Sie machen sich erst dort bemerkbar, wo fortschreitende Arbeitsteilung zur Herausbildung bestimmter technischer Kompetenz geführt hat, die sich an der besorgten Sache orientiert und nicht – wenigstens nicht primär – an der Zielsetzung der Lebensführung. Hier sprechen wir in der (aristotelischen) Tradition der praktischen Philosophie nicht vom Handeln, sondern vom Herstellen, und dessen Maßstab liegt eindeutig im Produkt. Das braucht nun nicht ein Ding zu sein, es kann sich auch um eine besondere Leistung handeln, die als objektive Größe erscheint. Man kann dabei etwa an musikalische Aufführungen denken oder an die Leistungen des Arztes, überhaupt an professionelles Können. An ihm bilden sich Berufe und Berufsgruppen heraus, die sich inhaltlich an der objektiven Sache messen und in dieser Hinsicht sich durchaus nicht moralisch bestimmen.

Die Tradition hat das technische Können als intellektuelle Tugend, als „Kunst“ (griechisch heißt sie *techne*), der moralischen Tugend entgegengestellt, und klassisch finden wir bei Aristoteles die Frage gestellt, wer denn der bessere Künstler oder Techniker sei, wer willentlich oder wer unwillentlich einen Fehler mache? Die Antwort ist natürlich klar und zeigt den Gegensatz zum Moralischen: Dort ist, wer unfreiwillig fehlt, gerade entschuldigt und der bessere Mensch. Der bessere Techniker ist selbstverständlich, wer nicht aus Inkompetenz, sondern absichtlich einen Fehler macht. Damit ist die Frage nach einer Ethik der Technik oder ähnlichen „Anwendungen“ von Ethik nun nicht erledigt, vielmehr stellt sie sich gerade von da aus. Wir würden ja nicht den technisch besseren Ingenieur eine Brücke bauen lassen, wenn wir nicht sicher sein könnten, daß er sein bestes Können einbringt; und gar den Arzt, der sein Können nicht zum Wohl des Patienten einsetzt, würden wir schwerlich für „besser“ halten als jenen, der das Können nicht hat. Die konkrete Ausübung des technischen Könnens mögen wir wohl doch nicht ganz moralfrei ansehen.

Mindestens in zwei Hinsichten gehört auch das technische Herstellen unter die moralische Betrachtung: Einmal insofern, als auch Herstellen stets menschlicher Vollzug, Akt und also Handlung ist, die man tun oder lassen kann und die mindestens als wirklich vom Menschen gesetzter Akt, der doch ein Element seines willentlichen Lebens ist, auch unter der moralischen Differenz von Gut und Böse zu beurteilen ist. Und zum anderen ist das Produkt des Herstellens ein objektives Element im menschlichen Leben, das womöglich Folgen hat, zu dem man Stellung nimmt, das hinderlich oder förderlich, zu gutem Gebrauch geeignet oder auch mißbräuchlich benutzbar, vielleicht gar lebensschädlich ist. Diese objektive Qualität des Produkts, die seine Lebensbedeutung grundlegt, ist natürlich für die Beurteilung des Aktes der Produktion nicht minder wichtig als die „technische" Perfektion. Dabei verschränken sich die Gesichtspunkte: So wird man bei der ärztlichen Tätigkeit die technische Perfektion für das humane Gutsein positiv gewichten; die technische Perfektion eines Einbrechers oder gar eines Folterers wird man seiner Bosheit belastend, als Anzeichen der kriminellen Energie, zuschlagen. Doch in beiden Fällen sehen wir, daß technische Perfektion zumindest ethisch bedeutsam sein kann, sobald nämlich der technische Akt eine Rolle in menschlichen Lebensvollzügen, und zwar solchen des gesellschaftlichen Miteinander, spielt.

Es ist nun diese Rolle, deren durch technische Kompetenz inhaltlich bestimmte Praxis ethisch gefaßt werden muß, und da fragt sich, ob das zureichend durch Anwendung der allgemeinen Normen geschehen kann, die das soziale Miteinander regeln, oder ob eine eigene Gesetzlichkeit aus jener Rolle resultiert. Dabei ist wichtig, daß die Kompetenzanforderungen die Verfestigung der Rolle zu einem Beruf veranlassen, der nun im gesellschaftlichen Miteinander ein ihm gemäßes ethisches Profil zugewiesen und abverlangt bekommt. Hier haben wir von einem *Ethos* zu sprechen, sowohl im objektiven Sinne eines Inbegriffs normativer Gehalte als in dem subjektiven einer, im Hinblick auf diese Gehalte, bestimmten Einstellung. Das geht nun durchaus über die allgemeinen moralischen Forderungen hinaus. So verlangt es eben auch intellektuelle Bemühung und die entsprechende Tugend; technische Perfektion wird ethisch gefordert im Dienst der gesellschaftlich übernommenen Rolle, und wiederum wird der Einsatz der Fertigkeiten und des Könnens spezifisch im sozialen Dienst gefordert. Das Produkt oder die Leistung muß menschlich-gesellschaftlich dienlich und jedenfalls darf es nicht schädlich sein; und dann wird auch der Einsatz des Könnens erwartet, im Falle der Not wird der Könner sogar verpflichtet zum Tun, zur Ausübung seiner Fähigkeit. Das läßt sich leicht exemplifizieren, etwa am ärztlichen Ethos, aber auch am Ethos des Ingenieurs oder des Architekten, ja auch beim professionellen Ethos des Handwerkers, eigentlich in allen ernsthaften Berufen. Es begründet das soziale

Ansehen dieser Berufe, daß sie verläßlich für die Gesellschaft die Leistung erbringen, deren diese bedarf. Es bestätigt diese Sicht, daß die gesetzliche Ordnung hier regelnd, befördernd und beschränkend und gelegentlich auch strafend eingreift. Man sollte sich aber wohl im Klaren sein, daß der gesetzlichen Regelung ein ethisch begründetes, ein moralisches Verhältnis zugrunde liegt. Da es sich nicht um allgemeine Moral handelt, hat es sich eingebürgert, Verstöße mit dem Amerikanismus „unethisch" zu benennen. Das sollte ihr Gewicht nicht mindern.

5. Spielregeln und Wettbewerb

Es liegt nahe, die Wirtschaftsethik als solche eines Berufes anzusehen, wenn dann es so etwas gibt wie einen spezifischen Tätigkeitsbereich namens „Wirtschaften", der nach Art eines technischen Könnens Leistung erbringt. Allein das ist nicht ohne weiteres durchzuführen, wenn doch Wirtschaften eine Unmenge durchaus verschiedener, ja heterogener Tätigkeiten umfaßt, entsprechend der Verschiedenheit, ja Heterogenität der Bedürfnisse, die zu befriedigen sind und deren wiederum neue entstehen. Außerdem wird man in diesen Tätigkeiten solche finden, die nur schwer unter das Modell des Herstellens zu bringen sind. Bei manchen drängt sich auf, sie dem Bereich des Spiels zuzuordnen, und insbesondere gilt das von einem beträchtlichen Teil des Wettbewerbs.

Für diesen Zusammenhang ist interessant, daß schon im Bereich des Herstellens ein Können als solches, als perfektioniertes, zu perfektionierendes angestrebt werden kann, auch wo kein nützliches Produkt vorliegt und die Leistung nicht unmittelbar gesellschaftlich dienlich ist. Es ist nicht nur der Außenaspekt der gesellschaftlichen Bedeutung, es ist durchaus die Immanenz der Perfektion des Vollzuges, die um ihrer selbst willen und sozusagen eigenem Gesetz gemäß erstrebt werden kann: als eine Erfüllung menschlichen Seinkönnens, sei dies auch eine nur begrenzte Weise desselben. Das ist am deutlichsten bei Spielen, die Geschicklichkeit und Geduld erfordern, aber rein um ihrer selbst willen, eben als gekonnter Vollzug, und womöglich vom Spieler für sich allein gespielt werden, wie Patiencen etwa oder heute Computerspiele. Man kann sie, wie man zu sagen pflegt, zur Unterhaltung spielen, aber auch mit Leidenschaft, die auf den Erfolg, auf das perfekte Gelingen des Spiels aus ist. In dem, was man „professionellen Ehrgeiz" nennt, steckt ein solches Perfektionserfolgsstreben, das nicht bloß außengesteuert ist.

Wie immer begrenzt solches Perfektionsstreben sei, es ist immer ein Modus von dem, was heute gerne „Selbstverwirklichung" genannt wird. Es kommt in ihm, selbst im gänzlich für sich betriebenen, eigentlich belanglosen Spiel der anthropologisch notwendige Grundtrieb der Selbstbehauptung zum Zuge, und es muß dann nicht verwundern, daß dieser sich auch sozial geltend macht, als Behauptung gegenüber dem anderen, dem Mitmenschen. Bei den meisten Spielen, die man nicht für sich allein spielt, bedeutet das Gelingen des Spiels nicht nur den Erfolg, sondern den Gewinn, nämlich gegenüber dem anderen, der verliert. Wo menschliche Perfektion gesucht wird, geschieht das regelmäßig im Wettbewerb. Deutlich ist das wiederum am meisten beim Sport, dessen Kennzeichen man als das „Agonale" benennen kann. Das greift dann insbesondere bei Mannschaftssportarten, welche eine Menge von Anhängerschaft bewegen, über den Kreis der aktiven Teilnehmer an den Wettkämpfen – charakteristisch wird von „Kampf" geredet – hinaus. Die Konkurrenzsituation wird breit übernommen, so daß sich im Grenzfall Parteien bilden können, die nichts als eben die Verwirklichung der Konkurrenzsituation darstellen – so wie die Blauen und Grünen im byzantinischen Zirkus, die freilich alles andere als relativ harmlose Fan-Clubs waren.

Ein Grenzfall sind sie, weil die Konkurrenz dort endlich um politische Macht ging, also um ein uneingeschränktes Dominieren. Der Regelfall des Wettbewerbs, des Wetteifers und auch des Wettkampfes ist nicht durch schrankenloses Dominanzstreben gekennzeichnet, sondern bezogen auf bestimmtes Können und Leisten. Er folgt dessen Gesetzlichkeit, und im Falle von Sport und Spiel ist das die frei vereinbarte und dann „gesatzte" Regel. Der Regelverstoß, der womöglich einen Vorteil bringt, ist streng verpönt, die sogenannte „Fairness" ist verlangt. Das wird von Spielern, Sportlern und den anteilnehmenden Zuschauern, die ein gewaltiger Prozentsatz der Bevölkerung sind (nicht weit von den hundert Prozent, wenn man alle Arten von Spielen und Anteilnahmen rechnet), durchaus im moralischen Sinne ernst genommen. Verstöße gegen die Fairness zur Übervorteilung des Konkurrenten – auch wenn es nur um Spiel geht – begründen allgemein-menschlichen Tadel. Niemand muß mitspielen, aber wenn er spielt, wird die Regel für ihn sozial verbindlich; Verstöße haben daher moralische Qualität.

Das hat unter anderem zur Folge, daß die Konkurrenz friedlich bleibt. Die Gesellschaft anerkennt den Gewinner im von ihr anerkannten Spiel, sofern er in der Regel geblieben ist, als jemanden, dem eine von ihr anerkannte Weise der Selbstverwirklichung gelungen ist. Sie anerkennt dann die besondere technische und professionelle Leistung, die im Wettbewerb sich durchgesetzt hat. Ja sie fördert auch den regelrechten und fairen Wettbewerb, den Wetteifer, den Wettkampf und belohnt den Gewinner. Als Gewinn mag sie in bestimmten Fällen rechnen, daß ein bestimmter Erfolg, etwa ein Könnensniveau im Professionellen oder eine bestimmte sportliche Leistung, erzielt wird. Es gibt dann womöglich am Ende nur noch Sieger: Man kennt das unter anderem vom Breitensport und den bei diesem üblichen Belohnungen her, etwa durch Urkunden oder Abzeichen, wo am Ende das Verlieren gar keine Rolle mehr spielt. Man kennt es auch von Berufswettbewerben her. Man sieht an solchem Beispiel, daß Wettbewerb nicht entzweien muß. Er läßt sich als gesellschaftliches Steuerungsmittel einsetzen, wo Leistungsstreben erwünscht ist.

Die Bedingung ist allerdings die feste Regel und das Bestehen auf deren ernsthaftem Einhalten, auch wenn es sich „nur" um ein Spiel handelt. Es ist in seinen gesellschaftlichen Folgen ja nicht unernst, und selbst die scherzhafte Regelverletzung wird nur dann nicht übel vermerkt, wenn sie gleichsam Element des Spieles selbst wird (wie wir es bei gewissen Gesellschaftsspielen kennen). Solch ernstes Spiel kann dann auch ernstlich auf Gewinn, als Glücks- und Risikospiel angelegt sein, bei dem es schließlich um Geld geht: auch dies eine Weise der Selbst- und Lebensbestätigung, die vom Besitz, von Gütern und der Verfügungsmacht über sie, welche das Geld darstellt, erwartet wird. Hier gibt es zwar nicht eigentlich Wettbewerb, aber sehr wohl ist von Konkurrenz zu reden, da hier im Miteinander gespielt wird, um einen Einsatz beispielsweise, den man „riskiert" und von dem der Gewinner profitiert. Nur ist es nicht Leistung, sondern eben Glück, der Zufall oder die Kontingenz des Geschickes, von der Bestätigung erwartet oder erhofft wird. Auch dies ist eine menschliche Existenzdimension, die das Spiel aufnimmt, übrigens mit der Möglichkeit existentiellen Ernstes, wenn – wie wir von Extremfällen wissen – sogar das Leben aufs Spiel gesetzt, im Spiel riskiert wird. Das ist freilich ein Risiko, das um des Spieles, um einer bloß spielerischen Selbstverwirklichung willen nicht eingegangen werden darf; denn daß auf solche Art Leben gelingen, sinnvoll glücken kann, läßt sich gewiß nicht behaupten; im Gegenteil, das Leben verspielen ist Scheitern, und so stoßen wir hier auf eine unbedingte moralische Grenze.

Aber wir haben gesehen: Weder die Leistungskonkurrenz noch der spielerische Wettstreit sind moralfrei, und über die Konvention und sogar die willkürlich gesetzte Regel kann sich nicht einfach hinwegsetzen, wer im friedlichen Miteinander verbleiben will. Wer sich aber an die Grenzen hält, dem können in der Konkurrenz Weisen der Selbstverwirklichung und Selbstbehauptung gelingen, die im sozialen Anerkanntsein zur Wirkung kommen. So wird denn das Streben, in der Konkurrenz zu gewinnen, sozial legitimiert. Selbstverständlich ist dazu die Voraussetzung, daß die Gesellschaft Konkurrenz und die bestimmten Weisen des Konkurrierens als zu ihrem Prozeß gehörig und als förderlich versteht. Wie weit und in welchem Maße das der Fall ist, hängt von geschichtlichen und kulturellen Bedingungen ab; und es versteht sich, daß auch die moralische Bewertung konkurrierenden Verhaltens unter diesen Bedingungen steht. Das gilt für die ökonomische Rolle der Konkurrenz und ihre ethische Beurteilung nicht minder.

Freilich ist im ökonomischen Bereich nicht die Konkurrenz das erste, und nicht alles geschieht konkurrierend. Eher könnte man die technische Leistung an den Anfang setzen, sofern sie die Produktion von Gütern erbringt, und tatsächlich wird in der Wirtschaftsethik gewöhnlich die Bemühung um gute, sachgemäße, taugliche Produktion als wichtiges Gebot behandelt, einschlägige Normen werden hoch gewertet. Nun ist aber nicht gesagt, daß diese Normen in einem spezifischen Sinne ökonomisch sind. Wir haben sie zuerst dem Berufsethos zuzurechnen. Aber wir dürfen von dem Fall ausgehen, daß das Produkt als Ware einem Nutzer oder Konsumenten zukommt, der eine bestimmte Qualität des Produkts erwartet und es um dessentwillen erwirbt, durch Tausch, Kauf oder jedenfalls eine Gegenleistung. Hier haben wir, und erst hier haben wir einen Prozeß, der eigentlich ökonomisch zu nennen und keinem anderen Bereich zuzurechnen ist. Wir mögen hier in allgemeinem Sinne vom Tausch oder Austausch reden.

6. Der Tausch und seine Gerechtigkeit

Schon innerhalb der Ökonomie der Überlebensgemeinschaft von Haus und Familie kann es, so wie unterschiedliche soziale Rollen, auch Ansätze zu Arbeitsteilung und technischer Kompetenzbildung geben, und es kann auch zu einem gewissen Konkurrenzverhalten kommen. Erst mit dem Tausch und Austausch wird die Grenze des Hauses und der auf diese beschränkten Ökonomie definitiv überschritten. Innerhalb des Hauses wird nicht getauscht, sondern verteilt, und wie bereits gesagt, werden die Anteile der einzelnen Mitglieder des Hauses an den produzierten Gütern bemessen gemäß der sozialen Rolle, die ihnen zukommt, und dem dieser entsprechenden Bedürfnis.

Die strukturalistische Anthropologie hat darauf aufmerksam gemacht, daß bei dieser Grenzüberschreitung nicht nur und nicht primär Waren gefragt sind. Für ihr biologisches Fortleben braucht die Familie, allgemein gesprochen, Fortpflanzungspartner von außerhalb, was dann normalerweise heißt: Sie braucht Frauen, die von einer anderen Familie kommen müssen. Das Inzestverbot, das faktisch universell gilt, wie das Exogamiegebot, das weitgehend in Kraft ist, verlangen einen über die einzelne Familie hinausgehenden gesellschaftlichen Zusammenhang (dies selbst dann, wenn die Frauen geraubt werden), der durch Austauschverhältnisse bestimmt ist. Natürlich gehört dazu Sprache als grundlegendes Kommunikationsmittel, zum Austausch von Informationen, dann auch der Austausch von Waren. Aber man muß hinzusetzen: Wenn dieser Austausch friedlich vonstatten gehen soll, so bedarf es dazu auch eines rechtlichen, womöglich vertraglich festgelegten Rahmens. Vielleicht darf man daran erinnern, daß die antiken Römer den Foederaten, je nachdem, *commercium* und *connubium* gewährten, womit sie erst zu regulären Partnern wurden. Austausch findet zwischen Gleichen statt, oder solchen, die wenigstens hinsichtlich des Austausches gleichberechtigt sind.

Tauschen wird freilich nur wollen, wer es nötig hat, nämlich auf Grund eines Bedürfnisses, oder wer sich davon einen Vorteil versprechen kann. Er muß dann etwas anzubieten haben, was er abzugeben berechtigt ist, und dies muß dem Tauschpartner natürlich entsprechend „wert" sein, so daß er seinerseits damit ein Bedürfnis befriedigt oder einen Vorteil gewinnt. Der Tausch setzt so ein symmetrisches Verhältnis der Partner an, und es steht mit ihm richtig, wenn auf beiden Seiten Gleichheit gegeben ist, gleiche Werte beim Tausch für jeden herauskommen. Das ist das einfache Prinzip der Tauschgerechtigkeit.

Die konkrete Anwendung dieses Prinzips ist freilich nicht mehr ganz einfach. Wenn Heterogenes getauscht wird, muß man einen gemeinsamen Maßstab finden, um den Wert zu bestimmen. Für den Wert spielt die subjektive Schätzung eine Rolle, aber das Gerechte kann nicht allein davon abhängen. Wo es objektiv nicht festzumachen ist, muß es zumindest intersubjektiv gesichert werden. Bei einem einzelnen Tauschvorgang kann man an eine Einigung der Partner denken; aber gerecht wird diese nur sein, wenn beide sich an den gleichen, frei anerkannten Maßstab halten und somit im Tauschverhältnis als Partner wirklich gleichgestellt und gleichberechtigt sind. Die soziale Position, die bei der gerechten Verteilung in der Hausgemeinschaft maßgebend ist, darf dann keine Rolle spielen.

Heterogenes wird im Austauschverhältnis vergleichbar durch das Geld, das als allgemeiner Maßstab für Güter wie für Leistungen eintritt. Alles hat seinen Preis – was keinen Preis hat, wird auch nicht getauscht, aber wo ein Preis gegeben ist, handelt es sich jedenfalls um ein ökonomisches Verhältnis. Der Preis bringt die Wertschätzung des Tauschobjekts zum Ausdruck, und genau in dem Sinne, wie man im ökonomischen Verhältnis von Tauschgerechtigkeit reden kann, wird man auch vom gerechten Preis oder bei Arbeitsleistung vom gerechten Lohn reden können. Nun wird niemand annehmen, daß es in solchem Falle ein „von Natur aus Gerechtes" gibt, auf das man auch bei einem einzelnen Tauschvorgang die Partner verpflichten könnte. Man wird nur verlangen, daß der Vorteil, den jeder von ihnen hat, so ausgeglichen wird, daß keiner, wie es heißt, „übervorteilt" wird.

Solch eine negative Vorschrift schließt nicht aus, daß im Ergebnis die Vorteile der Partner so verschiedener Art sind, daß die Gleichheit bloß fiktiv erscheint. Es sind ja im Normalfall die Ausgangspositionen verschieden, auch ökonomisch: Der eine hat mehr Besitz als der andere, mehr Produktionsvermögen, eine bessere körperliche und geistige Verfassung. Es mag sein, daß er einfach mehr Glück hat, mehr mit dem erworbenen Wert anfangen kann, so daß er sich am Ende besser steht als der Partner. Das sind aber nicht Elemente des Tauschvorganges, sondern Randbedingungen, die insofern nicht für die Frage der Tauschgerechtigkeit maßgeblich sind. Konkret spielen solche Randbedingungen und damit verbundene inhaltliche Vorstellungen natürlich in das Urteil der Tauschpartner über die Gerechtigkeit von Preis oder Lohn hinein. Der Produzent, etwa ein Handwerker, wird einen Preis nicht für gerecht halten, bei dem er nicht auf seine Kosten kommt, einschließlich dessen, was man einen angemessenen Gewinnanteil nennt; der Lohn gilt meistens nur dann als gerecht, wenn er „leistungsgerecht" ist (was immer das heißen mag: das kann ja recht verschieden bewertet werden). So wie beim Anbieter von Leistungen, wird man auch beim Abnehmer inhaltlich bestimmte Vorstellungen darüber finden, was gerechterweise von ihm verlangt werden kann. Aber wenn man nur auf einen einzelnen Tauschvorgang hinschaut, sind solche Inhalte lediglich Gründe für die Wertschätzung des Tauschobjekts bei den Partnern, die der jeweils andere nicht zu berücksichtigen braucht. Es kommt dann nur darauf an, die abstrakte Gleichheit des Wertes festzustellen, was den verlangten Vorteilsausgleich zur Folge hat, und das kann dann konkret bedeuten, den Preis auszuhandeln.

Wenn man den Tausch und seine Gerechtigkeit verstehen will, und zwar gerade an einem einzelnen Tauschvorgang, kommt man gar nicht umhin, in solch abstrahierender Weise vorzugehen, wie wir das hier tun. Dies Verständnis ist sicher nötig und grundlegend für das Verständnis des Marktes, für den das Tauschverhältnis, oder besser eine Fülle von Tauschvorgängen konstitutiv ist, zu dem aber weiter die Konkurrenz gehört und schließlich sogar ein Element des Spielerischen.

7. Der Markt und seine Ordnung

Der Markt ist, allgemein gesprochen, einfach der ökonomische Ort des Tausches, also von Kaufen und Verkaufen, an dem Angebot und Nachfrage miteinander vermittelt und zum Ausgleich gebracht werden. Das ist natürlich eine abstrakte Beschreibung, und schon der Singular ist abstrakt. Es gibt immer viele Märkte, zum Beispiel für ganz verschiedene Produkte, es gibt lokale, regionale oder auch globale Märkte, es gibt verschiedene Formen, offene oder beschränkte oder gar geschlossene für bestimmte Teilnehmer. Wenn man denkt, daß ursprünglich Märkte sozusagen naturwüchsig entstanden seien, wo arbeitsteilige Gesellschaften in größerem Umfang den

Austausch ihrer Produkte betrieben, so wird man sich bald belehren lassen müssen, daß Märkte von Anfang an institutionelle Größen sind, die durch eine meist recht strikte Ordnung geregelt sind. Es führt ziemlich weit, wenn man dem nachgehen wollte. Für Überlegungen im wirtschaftsethischen Interesse ist das relativ abstrakte Modell in seiner Allgemeinheit wichtig.

Auf dem offenen Markt im Sinne dieses Modells konkurrieren zunächst Anbieter miteinander, Nachfrager können vergleichen und wählen; aber natürlich kann es bei knappem Angebot auch zu Konkurrenz der Nachfrager kommen. Das heißt zuerst, daß der Markt Informationen liefert, einerseits über die Produktion, andererseits über den Bedarf oder das Interesse der Abnehmer. Der Produzent kann seine Tätigkeit an diesen Interessen ausrichten, oder auch kann er Interesse für seine Produkte zu wecken suchen. Durch den Markt wird auf diese Weise wirtschaftliche Tätigkeit gesteuert, ohne daß es so etwas wie einen Steuermann gibt. Auch ist die Menge, die Qualität und die Verfügbarkeit der im Markt versammelten Informationen durch keine zentral organisierte Institution erreichbar. Der Markt ermöglicht seinen Teilhabern informierte Entscheidungen, die dann wiederum rückwirken auf den wirtschaftlichen Prozeß insgesamt.

Der Ausgleich von Angebot und Nachfrage ist insoweit ein Informationsvorgang, als die bei den Partnern gegebene Wertschätzung des in Frage stehenden Gutes ermittelt wird. Wenn es dann zur Bildung eines von allen akzeptierten Preises kommt, so erfüllt dieser die Bedingungen, die wir für den gerechten Preis im Sinne der Tauschgerechtigkeit festgestellt haben. Allerdings ist die Voraussetzung dafür, daß der Markt nicht eingeschränkt, daß die Teilhabe an ihm frei, daß die Information umfassend und die Konkurrenz vollständig ist. Unter solchen Bedingungen kann der einzelne ethisch legitim seinen Vorteil suchen. Er wird ihn im Rahmen einer Ordnung finden, die für alle Teilnehmer deutlich den gerechten Ausgleich auch zum strategischen Ziel für ihre eigene Interessenwahrung macht.

Da fragt sich allerdings, ob oder wie weit die realen Märkte so beschaffen sind, daß man ihnen die positiven Qualitäten des Modells zusprechen könnte. Muß man nicht bei einem völlig freien, nämlich ungeregelten Markt gerade mit dem Erfolg derjenigen rechnen, die über den Wert der Ware täuschen, die rücksichtslos die Konkurrenz hinausdrängen oder sie durch Absprachen beseitigen, möglicherweise sogar durch Einsatz sozialer und politischer Macht verfälschen? Wenn das zu erwarten ist, so zwingt die Konkurrenz die Teilnehmer des Marktes, sich den erfolgversprechenden Verfahrensweisen anzupassen, um ökonomisch zu überleben. Die Chancen der Gerechtigkeit und überhaupt der Moral werden dann gering, die Wirtschaft wird zu dem Dschungel, als der sie tatsächlich ja von manchen verschrieen wird. Jedoch sind Lüge und Betrug keine spezifischen Möglichkeiten des Marktes, und es ist nicht erst der Markt, welcher die Konkurrenz auslöst – wir haben gesehen, daß sie anthropologische Wurzeln hat. Aber es ergibt sich daraus, daß eine Marktordnung zwingend nötig ist, um die Bedingungen für die Tauschgerechtigkeit zu schaffen. Eine solche Ordnung kann die Erfolgschancen von Lüge und Betrug beträchtlich mindern, indem sie Informationsoffenheit vorschreibt, Klarheit über das Produkt – bis hin zu bestimmten Qualitätsanforderungen – und auch Klarheit über den Partner verlangt und klare Verfahrensregeln einführt. Dazu gehören dann auch Verbote von Absprachen und Kartellbildungen, welche die ökonomische Konkurrenz einschränken, aber auch wiederum Vorschriften, welche die Konkurrenz auf das Ökonomische festlegen und auf dieses beschränken.

Wer am Markt wirtschaftlich tätig wird, ist selbstverständlich durch die gegebene Marktordnung gebunden. Wenn es richtig ist, daß diese Ordnung die Bedingungen sichern muß, unter denen „richtig“ und damit auch gerecht getauscht werden kann, so ist in dieser Ordnung der systematische Ort für wirtschaftsethische Normierung zu sehen. Nun sind es freilich nicht ethische Motive, die zur Entstehung des Marktes und zu seiner Schätzung in der Konzeption der Marktwirtschaft geführt haben, sondern primär ökonomische. Es ist ja so, daß gerade die Orientierung am Markt in der Wirtschaft die Dynamik auslöst, die zu einer gewaltigen Steigerung der Produktion, zu einer umfassenden Verteilung der Güter nach den Bedürfnissen und somit zu einem weit verbreiteten Wohlstand geführt hat. Selbstverständlich ist die ökonomische Entwicklung nicht ohne die technisch-wissenschaftliche und industrielle zu denken, aber daß nicht diese allein, sondern gerade die marktwirtschaftliche Ordnung ursächlich für den ökonomischen Erfolg war, hat das parallele Konkurrenzunternehmen der sozialistischen Zentralverwaltungswirtschaft deutlich gemacht, das nicht nur politisch, sondern ökonomisch gescheitert ist. Dabei kann man sagen, daß das sozialistische Modell durchaus von ethischen Gedanken geprägt ist, und zwar vornehmlich dem der gerechten Verteilung der produzierten Güter. Diese Gedanken sind mit dem Scheitern des Sozialismus natürlich nicht erledigt, und sie werden zuweilen kritisch gegen marktwirtschaftliche Entwicklungen vorgebracht. In der Tat ist das Problem der gerechten Verteilung wohl gewiß nicht über den Markt zu lösen, aber es fragt sich, wie es sich in der Gesellschaft stellt, die ihre Wirtschaft über den Markt organisiert.

8. Verteilung und soziale Gerechtigkeit

In der Überlebensgemeinschaft des Hauses und der Familie wird verteilt, gerecht nach dem Maßstab der sozialen Rolle. Auf dem Markt wird getauscht, nicht verteilt. Wer am Markt teilnimmt, tut es in ökonomischer Funktion; beim Tausch selbst spielt die soziale Rolle nicht hinein, und für die Tauschgerechtigkeit ist das sogar wichtig. Wenn nach dem Tausch dann soziale Verschiebungen entstehen, fragt es sich, ob das an der Institution des Marktes liegt. Es gibt die gängige Kritik, die behauptet, durch die marktwirtschaftliche Ordnung würden die Reichen immer reicher und die Armen immer ärmer. Es fragt sich natürlich, ob das stimmt oder in welchem Sinne das behauptet werden kann; es fragt sich weiterhin, wenn es in irgendeinem Sinne der Fall sein sollte, ob es wirklich an der Marktwirtschaft und ihrer Struktur liegt. Aber zuvor fragt sich doch, ob und wie einer wirtschaftlichen Ordnung soziale Fürsorgeleistungen abverlangt werden können, oder in welchem Sinne sie bezogen sein kann oder soll auf einen Begriff sozialer Gerechtigkeit.

Der Markt und darüber hinaus die marktwirtschaftliche Ordnung ist die Einrichtung einer Gesellschaft, welche diese Ordnung garantiert und kontrolliert, die selbst also rechtlich verfaßt und politisch durchsetzungsfähig ist. Dieser Gesellschaft und ihren Organen, deren Inbegriff der Staat ist, stellt sich ethisch die Aufgabe, für ihre Glieder die Bedingungen eines lebbaren Lebens sicherzustellen, was je nach geschichtlichen und kulturellen Lagen sehr verschieden sein kann, aber stets auch die Sorge um das Überleben einschließt, wo das wirtschaftlich zuständige Haus das nicht zureichend leistet. Aber es ist nicht zwingend, in welcher Weise diese Sorge wahrgenommen wird. Die verfaßte Gesellschaft kann man auch als eine erweiterte Familie begreifen und entsprechend organisieren, mit einem väterlich-fürsorglichen Staat, der das von der Wirtschaft erzielte Ergebnis im Sinne des Gemeinwohls sammelt, verwaltet und nach Kriterien sozialer Natur verteilt, zum Beispiel nach gesellschaftlichem Rang, nach Funktion und Leistung für das Gemeinwohl, aber auch nach Bedürftigkeit. Folgerichtig wäre dann, die wirtschaftliche Tätigkeit selbst als staatliche oder als solche im staatlichen Auftrag zu organisieren. Das heißt aber nicht, daß die Wirtschaft sozusagen von außen staatlich bestimmt wird, sondern daß die Differenz von staatlichem, gesellschaftlichem und ökonomischem Handeln aufgehoben und der gesamte Prozeß dem Gedanken der sozialen Fürsorge unterstellt wird: zweifellos ein verführerischer Gedanke für Ethiker.

Das läßt sich in einer komplexen modernen Gesellschaft konsequent nicht anders durchführen als im Modell einer Zentralverwaltungswirtschaft, und so ist es mit bekanntem Mißerfolg im realen Sozialismus versucht worden. Der Mißerfolg war jedoch nicht nur ökonomisch, sondern vor allem moralisch. Innerhalb des Systems blieb der Selbstbehauptungswille, der in der ökonomischen Konkurrenz auf den Markt geleitet und dort reguliert wird, auf das System zentraler Administration bezogen und machte sich dem System entsprechend in sozialen Fehlleistungen geltend, die moralischer Natur waren, nämlich vor allem in Denunziation und Korruption. Gravierend fiel dabei ins Gewicht, daß Fehlleistungen mit Wirkung auf das System als solche des Systems wirkten. Gerade das ist ein wesentlicher Unterschied zur Marktordnung, deren Kennzeichen eben die bloße Bündelung einer unbestimmten Menge individueller Handlungen ist, bei denen Fehlleistungen eben den jeweils Handelnden zur Last fallen.

Die marktwirtschaftlich orientierte Gesellschaft macht sich das dynamische, innovatorische und kreative Potential zunutze, welches in der Konkurrenz freigesetzt wird. Die Marktordnung hat dabei den Sinn, die Konkurrenz im ökonomischen Bereich festzuhalten. Wer dann am Markt erfolgreich ist, ist es im ökonomischen Sinne: Das heißt, er macht Gewinne, auf Grund deren er dann seine Lebensführung materiell verbessern, kulturell ausgestalten oder vielleicht sozial heben kann. Aber das ist nicht unmittelbar die Folge des wirtschaftlichen Handelns. Dies bildet um den Markt herum eine Art eigenen Bereich, der eben nicht zusammenfällt mit dem sozialen oder gar dem politischen. Will man ihn durch die spezifische Tätigkeit charakterisieren, welche ihn systematisch unterscheidet, so muß man wohl als Kriterium ansetzen, daß Gewinne beabsichtigt sind, die von dem Handelnden angeeignet werden (wobei der Handelnde nicht ein Individuum sein muß, sondern ein Unternehmen sein kann oder sogar eine öffentliche Einrichtung).

Natürlich gibt es sehr viele Vorgänge von ökonomischer Art oder Bedeutung, bei denen Gewinne weder anfallen noch beabsichtigt sind. Aber diese charakterisieren eben nicht den Bereich, den wir im Singular „die Wirtschaft" nennen können und der in der marktwirtschaftlichen Ordnung ausgezeichnet ist. In diesem Bereich kommt der Gewinn auch nicht dem Gemeinwohl zugute. Und doch ist für das Gemeinwohl wichtig, daß Gewinne entstehen, was ja nichts anderes heißt, als daß die Wirtschaft erfolgreich ist. Gerade aus solchen Gewinnen lassen sich für jene Aufgaben der Fürsorge die Mittel gewinnen, welche die Gesellschaft im Ganzen zu gewährleisten ethisch gehalten ist.

Das geschieht nun durch eine Umverteilung über Steuern und Abgaben, die in unserer Gesellschaft ein gewaltiges Ausmaß besitzt, ungefähr die Hälfte des Sozialprodukts umfassend. Das ist deshalb nötig, weil auch die am Markt orientierte und die private und individuelle wirtschaftliche Aktivität ermutigende Gesellschaft ganz gewaltige technische und kulturelle Aufgaben zu bewältigen hat, die als gemeinschaftliche anzusehen sind und so auch angegangen werden müssen, im Prinzip durch staatliche oder staatlich geleitete Aktivität. Das ist nun sehr umfassend, und was man gewöhnlich „Fürsorge" nennt, nämlich Bemühung um die sozial Schwachen, ist nur ein Teil davon;

und ein Teilaspekt bleibt es, auch wenn man die aufwendigen und umfangreichen Einrichtungen hinzunimmt, die unter dem Namen des „sozialen Netzes“ zusammengefaßt werden. Entscheidend ist dabei, daß es sich bei diesen Einrichtungen um ein eigenes soziales System handelt, das von dem ökonomischen, am Marktmodell orientierten strukturell verschieden und deshalb auch ethisch anders zu beurteilen ist.

Die soziale Fürsorge ist unmittelbar menschlich gerichtet, sie ist durch ihren Begriff ethisch wertvoll und kann deshalb mit unmittelbar moralischem Anspruch und bei Bedarf jederzeit pathetisch auftreten. Da die Wirtschaft ihrerseits Güter und Leistungen produziert im Hinblick auf menschliche Lebensbedürfnisse, ist ihr objektiver Zweck von jenem der Fürsorge gar nicht entfernt. Gleichwohl ist die subjektive Absicht, welche die Richtung auf Gewinn einschließt, geradezu entgegengesetzt. Selbstbehauptung steht gegen Solidarität, und gerade das ist Bedingung für den wirtschaftlichen Erfolg. Unmittelbare Ausrichtung eines wirtschaftlichen Unternehmens auf soziale Zwecke ohne Rücksicht auf Gewinnchancen wird mit höchster Wahrscheinlichkeit zum Scheitern führen. So mag man Gewinn nicht für ein ethisches Ziel halten, aber jedenfalls ist es ethisch gerechtfertigt und in bestimmten Fällen auch notwendig.

Aber die Wirtschaftsordnung im Ganzen, welche die Gesellschaft einrichtet und in der sie bei marktwirtschaftlicher Orientierung privates Gewinnstreben, indem sie es strikten Regeln unterwirft, zugleich legitimiert, ist zweifellos nicht um ihrer selbst willen, sondern um der Wohlfahrt der Gesellschaft insgesamt eingerichtet. So ist es wieder Sache dieser Ordnung, den Wirtschaftsprozeß normativ derart auszurichten, daß er im Ergebnis dem Gemeinwohl dienlich ist. Die Formel der „sozialen Marktwirtschaft“ sucht diese Ausrichtung zum Ausdruck zu bringen, die jedoch sicher nicht im oben kritisierten Sinne zu verstehen ist. Man wird sagen dürfen, daß auch in der sozialen Marktwirtschaft es nicht die Wirtschaft ist, welche im Sinne der Fürsorge die „soziale Gerechtigkeit“ bewirkt. Sie wird als Wirtschaft nicht die Verteilung oder gar die Umverteilung der Ergebnisse ihrer Aktivität vornehmen wollen, auch nicht können. Aber in ihrer Ordnung können die Voraussetzungen dafür gesichert werden, und durch die Weise ihrer Einordnung in die Gesellschaft kann sie womöglich hilfreich tätig sein.

Tätig wird sie durch Personen, die bei der ökonomischen Betrachtung als Akteure, als Interessenten oder als Bedürfnisträger, also in ökonomischen Funktionen vorkommen. Wirtschaftlich wird der Mensch zuerst als *Homo oeconomicus* betrachtet, eine nützliche Abstraktion. Wirtschaftsethisch und insbesondere in Rücksicht auf die sozialethische Problematik kann das nicht genügen. Die konkrete soziale Position ist einzubeziehen, und dies gilt analog auch für die spezifischen Organisationsformen, in denen Menschen unter wirtschaftlichen Zielsetzungen miteinander tätig sind und so auch in soziale Beziehungen eintreten. Dazu muß ein Wort gesagt werden.

9. Personen und Unternehmen

Zunächst muß erinnert werden, daß selbstverständlich nur Personen moralisch verantwortlich handeln und schuldig werden können. Aber am Markt treten häufig Unternehmen auf, eigentlich – wie der französische Ausdruck sagt – „anonyme“ Gesellschaften, und sie gelten als Akteure, obwohl selbstverständlich Personen, also „Geschäftsführer“ oder Manager in ihnen tätig sind. Aber diese haben nicht ganz selten das Bewußtsein, in der Wirtschaft eben nicht als die moralischen Subjekte zu handeln, die sie selbst sind, sondern als Ausführende eines moralisch neutralen Unternehmenszwecks, etwa im Sinne eines „principal-agent“-Verhältnisses, wobei die Aufgabe einfach die Gewinnmaximierung im Sinne des „shareholder value“ ist. Selbstverständlich muß dabei das unternehmerische Handeln im Rahmen der verbindlichen Wirtschaftsordnung bleiben. Aber diese erscheint dann ethisch nur als ein Verbotskatalog, und die Unternehmensethik hat die negative Sicht, zumal in ihren Anfängen, bevorzugt. Natürlich hat sie damit auf jene spektakulären und gelegentlich skandalösen Fehlleistungen insbesondere von indsutriellen Produzenten, gelegentlich auch von Banken Bezug genommen, die ein öffentliches Interesse auf sich gezogen haben und die auch Anlässe für wirtschaftsethisches Interesse gewesen sind. Doch liegt hier gewöhnlich die ethische Qualität der Sache klar, und es ist durchaus keine Sache der angeblichen Eigengesetzlichkeit der Wirtschaft, um die es geht, sondern klare Verstöße liegen vor.

Unklar ist nur einerseits, insbesondere in der ökologischen Problematik, wie weit im Sinne der Güterabwägung Kompromisse in der Schadenstoleranz geschlossen werden können. Unklar ist teilweise auch, wie ethisch bei komplexen Entscheidungsvorgängen, an denen eine Mehrzahl von Handlungsberechtigten mitwirkt, Schuld und Verantwortung zugemessen werden kann. Solche Fragen berühren auch die Mitarbeiter, welche möglicherweise an moralisch dubiosen oder gar rechtswidrigen Entscheidungen der Unternehmensleitung mitwirken, sie durchführen oder zumindest dulden sollen. Dürfen sie überhaupt dazu schweigen? Die Frage ist sehr eingehend, teilweise kontrovers, unter der Bezeichnung „whistling“ diskutiert worden, eine ziemlich umfangreiche Kasuistik ist dazu entwickelt worden.

Positive Aspekte hat die Unternehmensethik im Zusammenhang mit dem verstärkten Interesse für eine Tugendethik entwickelt, und sehr konkret hat die Erstarkung eines auf den Wert der Identität bezogenen Denkens gewirkt, wie es die Bewegung des Kommunitarismus nicht nur akademisch gefördert hat. Das Stichwort heißt dabei „corporate identity“: Das Unternehmen empfiehlt sich als Träger eines wertträchtigen Anblicks – wenn nicht gar eines Antlitzes –, dem sich die Betriebsangehörigen moralisch und emotional verpflichten und verbinden. Das ist nun nicht neu, man denke nur an so etwas wie das Selbstbewußtsein der Kruppianer; neu ist nur, daß dies Sentiment nicht politisch perhorresziert, sondern als ethisch legitime Zielsetzung der Unternehmensführung propagiert wird. Diese wird es in erster Linie tun, um die Mitarbeiter für die Unternehmensziele zu motivieren, und man kann sie verdächtigen, daß sie so die Moral geradezu wider ihren Sinn als Mittel zum Zweck einsetzt. Aber zugleich verpflichtet sich darin die Unternehmensleitung moralisch, und im günstigen Falle gewinnt das Unternehmen mit seiner Identität einen Ort in der Gesellschaft, an dem in unmittelbarer Weise sein ökonomisches Handeln und sein ökonomischer Erfolg sozial wirksam werden.

Damit soll nun nicht widerrufen werden, was in der marktwirtschaftlich orientierten Gesellschaft die strikte Unterscheidung des ökonomischen und des sozialfürsorgerischen Systems veranlaßt. Aber ein wirtschaftliches Unternehmen ist ja zugleich ein Personenverband, bei dem jedes Individuum in eigenen sozialen Bezügen steht, für welche seine Position in der Wirtschaft um so mehr Bedeutung hat, je mehr sie ein Teil seiner menschlichen Lebensführung ist. Und ein Unternehmen, das sich seinen Mitarbeitern als attraktive Identität präsentiert, wird das erfolgreich tun, wenn es ein Stück als sinnvoll bejahten Lebensvollzuges darstellt. In diesem Sinne steht das Unternehmen etwa in seiner Kommune oder in der Region, kann es sinnvoll teilnehmen an der Gestaltung jenes Stückes der Welt, dem es durch die soziale Existenz seiner Mitarbeiter zugehört. Diesen ist es denn auch in einer Weise verpflichtet, die nicht nur ökonomisch bestimmt ist, daß etwa über den Arbeitsmarkt, wie man charakteristischerweise sagt, ein Leistungsträger oder eine „Kraft“ nachgefragt wird, die sich dort angeboten hat, und dafür nun als Preis der Lohn bezahlt wird. Doch das ist im Arbeitsverhältnis nicht alles, es kann nicht allein ökonomisch betrachtet werden. Nur fragt es sich, ob die Wahrnehmung der sozialen Dimension des Verhältnisses unmittelbar ins Ökonomische aufgenommen oder über Vermittlung eines eigenen Systems durch die regelgebende Gemeinschaft geschehen soll.

Im marktwirtschaftlichen Kontext ist das letztere angezeigt, und so wird es etwa beim Einsatz der Tarifpartner praktiziert. Die Sozialpolitik sehen wir wenn nicht getrennt, so deutlich unterschieden von der Wirtschaftspolitik. Daß es dabei Diskrepanzen geben kann, wird niemand verwundern. Die

Wirtschaft beruht auf dem Willen zur Selbsterhaltung und Selbstbehauptung und richtet sich auf Erfolg und Gewinn; soziales Denken steht unter dem Prinzip der Solidarität, und zwar vorzüglich mit jenen, die der Hilfe bedürfen. Die Diskrepanz entsteht moralisch an jener Linie, wo die Bedürftigkeit breit ausgelegt und als gerechter Anspruch moralisch behauptet wird, der sich an die Gemeinschaft richtet und den Vorzug vor aller Selbstbehauptung haben soll. Natürlich ist er als Anspruch auch wieder ein Modus der Selbstbehauptung, und so kann er durchaus auf berechtigten Widerspruch stoßen, wenn er überzogen scheint. Umgekehrt ist für Benachteiligte anstößig, wenn die Bedingungen des Marktes große Gewinne, ja die Bildung von Reichtum zulassen. Selbst wenn er „gerecht" erworben ist, wird die Ungleichheit verdächtigt, zumindest als gegen die Solidarität gerichtet.

10. Nationaler Standort und globale Perspektiven

In unserer gegenwärtigen Gesellschaft – man wird sagen dürfen: in der europäischen – sind diese Diskrepanzen und Konflikte nicht derart, daß man mit einer Zerreißung der Gesellschaft oder mit revolutionären Bewegungen rechnen müßte. Die Gesellschaft – das ist bei allen solchen wirtschaftlichen wie wirtschaftsethischen Überlegungen immer noch die staatlich verfaßte Nation, die ihren Platz im Begriff der Nationalökonomie erhalten hat, obwohl die Wirtschaft immer schon über alle nationalen Grenzen hinweg tätig gewesen ist, heute gar unter das Schlagwort von der „Globalisierung" geraten ist. Man zieht natürlich die sachgemäße Bezeichnung „Wirtschaftswissenschaften" vor. Wenn wir jedoch von der marktwirtschaftlichen Ordnung sagen, daß sie unter festen Regeln stehen muß, die wiederum mit Sanktionen durchzusetzen sind, so denken wir selbstverständlich an eine nationalstaatliche Gesetzgebung und deren Durchsetzung durch eben den Nationalstaat, auf den auch übernationale Einrichtungen angewiesen sind zur Geltendmachung des Rechts. Der Nationalstaat gibt auch nach wie vor die Grenzen für die sozialfürsorgerisch wirksame Solidarität, aus der dann ethisch sogar die wirtschaftspolitische Sorge um den „Standort Deutschland" begründet wird. Wenn der Staat dann für Migranten sorgt, für Asylanten also, so nur sofern sie auf seinem Territorium erscheinen, und er kann nicht umhin, deren Zulassung zu regulieren. Die Entwicklungshilfe mag sich ethisch auf eine menschheitsumfassende Solidarität berufen; aber sie gilt nicht gleichmäßig und unmittelbar fünf oder mehr Milliarden Individuen – wie sollte sie auch? –, sondern vermittelt über Völker und Staaten oder auch internationale Organisationen, und dazu in ganz unterschiedlicher Weise.

Wie man sieht, kann ein ethischer Universalismus, der das Allgemeine als das Gemeinsame der Menschheit auslegt, nicht leicht ins Konkrete überführt werden. Selbst wenn man ihn für richtig hält, wird man wohl kaum für möglich halten können, daß die Menschheit wirtschaftsethisch als jene globale Einheit zu denken sei, welche sie politisch und kulturell nicht sein kann und auch nicht sein soll. Das schließt nicht aus, daß bestimmte Probleme ethischer Art, die sich der Wirtschaft, der Wirtschaftspolitik und auch den Unternehmen – und über diese im Grunde allen – stellen, eine Perspektive globaler Art verlangen. Man wird das bei Stichworten sagen können, die heute schon dringliche, aber kaum lösbare Fragen bezeichnen: Armut, Arbeitslosigkeit, Ökologie zum Beispiel.

Die Wirtschaftsethik wird diese Probleme nicht lösen. Sie kann sie aber bezeichnen und in begründeten Werturteilen darstellen, und sie kann Regeln plausibel machen für menschliche und gerechte Lösungen. Vielleicht kann sie auch vor Überforderungen bewahren, die nicht geeignet sind, menschliches Gelingen zu befördern, sondern eher zum Scheitern führen.

Veröffentlichungen
der Nordrhein-Westfälischen Akademie der Wissenschaften

Neuerscheinungen 1985 bis 1997

Vorträge G Heft Nr.		GEISTESWISSENSCHAFTEN
277	*Andreas Hillgruber, Köln*	Der Zusammenbruch im Osten 1944/45 als Problem der deutschen Nationalgeschichte und der europäischen Geschichte
278	*Niklas Luhmann, Bielefeld*	Kann die moderne Gesellschaft sich auf ökologische Gefährdungen einstellen? Jahresfeier am 15. Mai 1985
279	*Joseph Ratzinger, Rom*	Politik und Erlösung. Zum Verhältnis von Glaube, Rationalität und Irrationalem in der sogenannten Theologie der Befreiung
280	*Hermann Hambloch, Münster*	Der Mensch als Störfaktor im Geosystem
281	*Reinhold Merkelbach, Köln*	Mani und sein Religionssystem
282	*Walter Mettmann, Münster*	Die volkssprachliche apologetische Literatur auf der Iberischen Halbinsel im Mittelalter
283	*Hans-Joachim Klimkeit, Bonn*	Die Begegnung von Christentum, Gnosis und Buddhismus an der Seidenstraße
284	*2. Akademie-Forum*	Technik und Ethik
	Wolfgang Kluxen, Bonn	Ethik für die technische Welt: Probleme und Perspektiven
	Rudolf Schulten, Aachen/Jülich	Maßstäbe aus der Natur für technisches Handeln
285	*Hermann Lübbe, Zürich*	Die Wissenschaften und ihre kulturellen Folgen. Über die Zukunft des *common sense*
286	*Andreas Hillgruber, Köln*	Alliierte Pläne für eine „Neutralisierung" Deutschlands 1945–1955
287	*Otto Pöggeler, Bochum*	Preußische Kulturpolitik im Spiegel von Hegels Ästhetik
288	*Bernhard Großfeld, Münster*	Einige Grundfragen des Internationalen Unternehmensrechts
289	*Reinhold Merkelbach, Köln*	Nikaia in der römischen Kaiserzeit
290	*Werner Besch, Bonn*	Die Entstehung der deutschen Schriftsprache
291	*Heinz Gollwitzer, Münster*	Internationale des Schwertes. Transnationale Beziehungen im Zeitalter der „vaterländischen" Streitkräfte
292	*Bernhard Kötting, Münster*	Die Bewertung der Wiederverheiratung (der zweiten Ehe) in der Antike und in der Frühen Kirche
293	*5. Akademie-Forum*	Technik und Industrie in Kunst und Literatur
	Volker Neuhaus, Köln	Vorwurf Industrie
	Klaus Wolfgang Niemöller, Köln	Industrie, Technik und Elektronik in ihrer Bedeutung für die Musik des 20. Jahrhunderts
	Hans Schadewaldt, Düsseldorf	Technik und Heilkunst
294	*Paul Mikat, Düsseldorf*	Die Polygamiefrage in der frühen Neuzeit
295	*Georg Kauffmann, Münster*	Die Macht des Bildes – Über die Ursachen der Bilderflut in der modernen Welt Jahresfeier am 27. Mai 1987
296	*Herbert Wiedemann, Köln*	Organverantwortung und Gesellschafterklagen in der Aktiengesellschaft
297	*Rainer Lengeler, Bonn*	Shakespeares Sonette in deutscher Übersetzung: Stefan George und Paul Celan
298	*Heinz Hürten, Eichstätt*	Der Kapp-Putsch als Wende. Über Rahmenbedingungen der Weimarer Republik seit dem Frühjahr 1920
299	*Dietrich Gerhardt, Hamburg*	Die Zeit und das Wertproblem, dargestellt an den Übertragungen V. A. Žukovskijs
300	*Bernhard Großfeld, Münster*	Unsere Sprache: Die Sicht des Juristen
301	*Otto Pöggeler, Bochum*	Philosophie und Nationalsozialismus – am Beispiel Heideggers Jahresfeier am 31. Mai 1989
302	*Friedrich Ohly, Münster*	Metaphern für die Sündenstufen und die Gegenwirkungen der Gnade
303	*Harald Weinrich, München*	Kleine Literaturgeschichte der Heiterkeit
304	*Albrecht Dihle, Heidelberg*	Philosophie als Lebenskunst
305	*Rüdiger Schott, Münster*	Afrikanische Erzählungen als religionsethnologische Quellen, dargestellt am Beispiel von Erzählungen der Bulsa in Nordghana
306	*Hans Rothe, Bonn*	Anton Tschechov oder Die Entartung der Kunst

307	*Arthur Th. Hatto, London*	Eine allgemeine Theorie der Heldenepik
308	*Rudolf Morsey, Speyer*	Die Deutschlandpolitik Adenauers. Alte Thesen und neue Fakten
309	*Joachim Bumke, Köln*	Geschichte der mittelalterlichen Literatur als Aufgabe
310	*Werner Sundermann, Berlin*	Der Sermon von der Seele. Ein Literaturwerk des östlichen Manichäismus
311	*Bruno Schüller, Münster*	Überlegungen zum ‚Gewissen'
312	*Karl Dietrich Bracher, Bonn*	Betrachtungen zum Problem der Macht
313	*Klaus Stern, Köln*	Die Wiederherstellung der deutschen Einheit – Retrospektive und Perspektive
		Jahresfeier am 28. Mai 1991
314	*Rainer Lengeler, Bonn*	Shakespeares *Much Ado About Nothing* als Komödie
315	*Jean-Marie Valentin, Paris*	Französischer „Roman comique" und deutscher Schelmenroman
316	*Nikolaus Himmelmann, Bonn*	Archäologische Forschungen im Akademischen Kunstmuseum der Universität Bonn: Die griechisch-ägyptischen Beziehungen
317	*Walther Heissig, Bonn*	Oralität und Schriftlichkeit mongolischer Spielmanns-Dichtung
318	*Anthony R. Birley, Düsseldorf*	Locus virtutibus patefactus? Zum Beförderungssystem in der Hohen Kaiserzeit
319	*Günther Jakobs, Bonn*	Das Schuldprinzip
320	*Gherardo Gnoli, Rom*	Iran als religiöser Begriff im Mazdaismus
321	*Claus Vogel, Bonn*	Mīramīrāsutas Asālatiprakāśa – Ein synonymisches Wörterbuch des Sanskrit aus der Mitte des 17. Jahrhunderts
322	*Klaus Hildebrand, Bonn*	Die britische Europapolitik zwischen imperialem Mandat und innerer Reform 1856–1876
323	*Paul Mikat, Düsseldorf*	Die Inzestverbote des Dritten Konzils von Orléans (538). Ein Beitrag zur Geschichte des Fränkischen Eherechts
324	*Hans Joachim Hirsch, Köln*	Die Frage der Straffähigkeit von Personenverbänden
325	*Bernhard Großfeld, Münster*	Europäisches Wirtschaftsrecht und Europäische Integration
326	*Nikolaus Himmelmann, Bonn*	Antike zwischen Kommerz und Wissenschaft
		Jahresfeier am 8. Mai 1993
327	*Slavomír Wollman, Prag*	Die Literaturen in der österreichischen Monarchie im 19. Jahrhundert in ihrer Sonderentwicklung
328	*Rainer Lengeler, Bonn*	Literaturgeschichte in Nöten. Überlegungen zur Geschichte der englischen Literatur des 20. Jahrhunderts
329	*Annemarie Schimmel, Bonn*	Das Thema des Weges und der Reise im Islam
330	*Martin Honecker, Bonn*	Die Barmer Theologische Erklärung und ihre Wirkungsgeschichte
331	*Siegmar von Schnurbein, Frankfurt/Main*	Vom Einfluß Roms auf die Germanen
332	*Otto Pöggeler, Bochum*	Ein Ende der Geschichte? Von Hegel zu Fukuyama
333	*Niklas Luhmann, Bielefeld*	Die Realität der Massenmedien
334	*Josef Isensee, Bonn*	Das Volk als Grund der Verfassung
335	*Paul Mikat, Düsseldorf*	Die Judengesetzgebung der fränkisch-merowingischen Konzilien
336	*Bernhard Großfeld, Münster*	Bildhaftes Rechtsdenken. Recht als bejahte Ordnung
337	*Herbert Schambeck, Linz*	Das österreichische Regierungssystem. Ein Verfassungsvergleich
338	*Hans-Joachim Klimkeit, Bonn*	Manichäische Kunst an der Seidenstraße
339	*Ernst Dassmann, Bonn*	Frühchristliche Prophetenexegese
340	*Nikolaus Himmelmann, Bonn*	Sperlonga. Die homerischen Gruppen und ihre Bildquellen
341	*Claus Vogel, Bonn*	Zum Aufbau altindischer Sanskritwörterbücher der vorklassischen Zeit
342	*Hans Joachim Hirsch, Köln*	Rechtsstaatliches Strafrecht und staatlich gesteuertes Unrecht
343	*Hans-Peter Schwarz, Bonn*	Der Ort der Bundesrepublik Deutschland in der deutschen Geschichte
344	*Günther Jakobs, Bonn*	Die strafrechtliche Zurechnung von Tun und Unterlassen
345	*Paul Mikat, Düsseldorf*	Caesarius von Arles und die Juden
346	*Gustav A. Lehmann, Göttingen*	Oligarchische Herrschaft im klassischen Athen
347	*Ludwig Siep, Münster*	Zwei Formen der Ethik
348	*Rüdiger Schott, Münster*	Orakel und Opferkulte bei Völkern der westafrikanischen Savanne
349	*Nikolaus Himmelmann, Bonn*	Tieropfer in der griechischen Kunst
350	*Klaus Stern, Köln*	Verfassungsgerichtsbarkeit und Gesetzgeber
351	*José Vitorino de Pina Martins, Lissabon*	Erasme à l'origine de l'Humanisme en Allemagne
352	*Rudolf Schieffer, München*	Der geschichtliche Ort der ottonisch-salischen Reichskirchenpolitik
353	*Wolfgang Kluxen, Bonn*	Perspektiven der Wirtschaftsethik

GPSR Compliance
The European Union's (EU) General Product Safety Regulation (GPSR) is a set of rules that requires consumer products to be safe and our obligations to ensure this.

If you have any concerns about our products, you can contact us on

ProductSafety@springernature.com

In case Publisher is established outside the EU, the EU authorized representative is:

Springer Nature Customer Service Center GmbH
Europaplatz 3
69115 Heidelberg, Germany

www.ingramcontent.com/pod-product-compliance
Ingram Content Group UK Ltd.
Pitfield, Milton Keynes, MK11 3LW, UK
UKHW051639031026
15588UKWH00007B/1214
* 9 7 8 3 5 3 1 0 7 3 5 3 8 *